Oscar hat Rüsselitis

Eine Geschichte von Doris Wirth
mit Bildern von Katja Wesner

www.bennyblu.de

Es ist ein strahlender Sommertag in der afrikanischen Savanne. Und ein ganz besonderer noch dazu! Denn heute passt Pavian Paul auf Babyelefant Oscar auf. Seine Eltern sind nämlich nicht zu Hause. Oscar freut sich. Mit Paul als Babysitter wird es nie langweilig.

„Paul, was spielen wir denn heute?“, fragt Oscar ungeduldig. „Heute spielen wir *Fang den Rüssel*“, verkündet Paul. „Oh ja!“, ruft Oscar begeistert. „Das ist mein liebstes Lieblingsspiel.“ Sofort wirbelt Oscar sein kleines Rüsselchen wild durch die Luft: von oben nach unten und von links nach rechts. Paul muss versuchen, es zu fangen. Aber das ist gar nicht so einfach. Immer wieder greift er ins Leere.

„Sieger! Ich hab ihn!“, schreit Paul auf einmal und hält Oscars Rüssel fest. Aber nanu? Was ist das? Der ist ja ganz verknotet! „Uuups“, sagt Paul verlegen. „War ich das etwa?“ Oscar schielt auf seinen Rüssel und erschrickt. Dicke Elefantentränen kullern aus seinen Augen.

Paul tröstet ihn: „Es wird alles wieder gut.“ – „Weißt du denn, wie mein Rüssel wieder heil wird?“, schluchzt Oscar. „Nein, aber Ottokar bestimmt“, verspricht Paul. Er lässt seinen lautesten Affenschrei los: „Ooottokaaar!“

Langsam trottet das Flusspferd Ottokar heran. „Was gibt es denn?“, fragt es träge. „Wir haben ein Problem“, antwortet Paul und deutet auf Oscars Rüssel. „Oje“, brummt Ottokar. „Das ist ein schwerer Fall von Rüsselitis. Da hilft nur eins: streicheln und pusten.“

Weitere Titel

Bei **Benny Blu Bambini** findet ihr auch diese Bücher ...

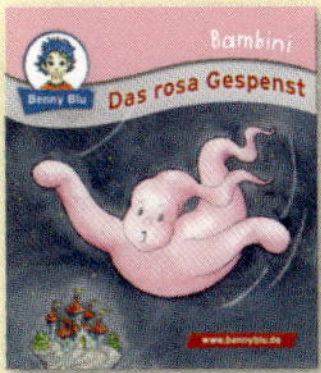

... und noch viele, viele mehr!

Oscar töröt das Wasser mit ganzer Kraft aus seinem kleinen Rüssel. Plopp! Der Rüsselknoten löst sich. Dabei spritzt Oscar alle nass. „Hurra!“, rufen Paul, Ottokar, Zelda, Gerda und Magnus begeistert und wischen sich das Wasser aus dem Gesicht. Oscar schwingt erleichtert sein entknotetes Rüsselchen: „Vielen Dank! Ihr habt mich gesund gemacht. Ihr seid die allerbesten Freunde der Welt!“

„Und? Besser?“, fragen alle gespannt. Doch Oscar schüttelt nur traurig den Kopf. Verzweifelt lässt er seine Ohren hängen. Vor lauter Mitleid muss Paul weinen. Sogar der dicke Ottokar wischt sich verstohlen eine

Träne aus dem Augenwinkel. Da schlendert auf einmal Löwe Magnus vorbei. „Nanu? Was ist denn mit euch los? Warum weint ihr denn alle?“, fragt er besorgt. „Huhu“, heult Zelda. „Oscar hat Rüsselitis!“

„Das ist doch kein Grund zum Weinen!“, tröstet Magnus sie. „Ich weiß, was zu tun ist. Bei Rüsselitis hilft nur eins: eine Rüsselspülung. Kommt mit mir hinunter zum Fluss!“ Neugierig folgen die Tiere dem schlauen Löwen.

„Nun saug so viel Wasser in deinen Rüssel, wie du nur kannst“, fordert Magnus Oscar auf. Dieser taucht seinen Rüssel sofort in den Fluss. „Und bei drei machst du ganz laut TÖRÖ. Eins – zwei – drei – TÖRÖ!“, brüllt Magnus.

Die beiden Krankenpfleger machen sich sofort an die Arbeit. Sie streicheln und pusten um die Wette. Aber Oscars Rüsselchen wird immer dicker und röter. „Aua, aua! Es tut so furchtbar weh“, klagt er.

Da kommt Zebra Zelda angerannt: „Wer jammert denn hier so jämmerlich?“ – „Oscar. Er hat Rüsselitis“, erklärt Paul. „Ja, ja“, meint Zelda. „So etwas kann gefährlich sein.“ Oscar reißt erschrocken die Augen auf.

„Aber keine Angst, Oscar", beruhigt ihn Zelda. „Ich weiß, was zu tun ist. Gegen Rüsselitis hilft nur eines wirklich gut: Sandbäder!" Sofort reiben alle Oscars Rüssel kräftig mit Sand ein. Das kratzt ganz schön!

Von dieser Kur wird das Rüsselchen nur noch röter. „Aufhören! Aufhören!“, trompetet Oscar laut. Vom Trubel angelockt, kommt Giraffe Gerda vorbei:
„Was ist denn mit Oscar?“

„Er hat Rüsselitis“, erklärt Ottokar. „Oje, der Arme“, bedauert ihn Gerda. „Aber ich weiß, was zu tun ist. Da hilft nur eins: Schlammpackungen!“ Schnell flitzt Paul zum Fluss. Er holt eine Handvoll Schlamm und schmiert Oscars Rüssel damit ein.